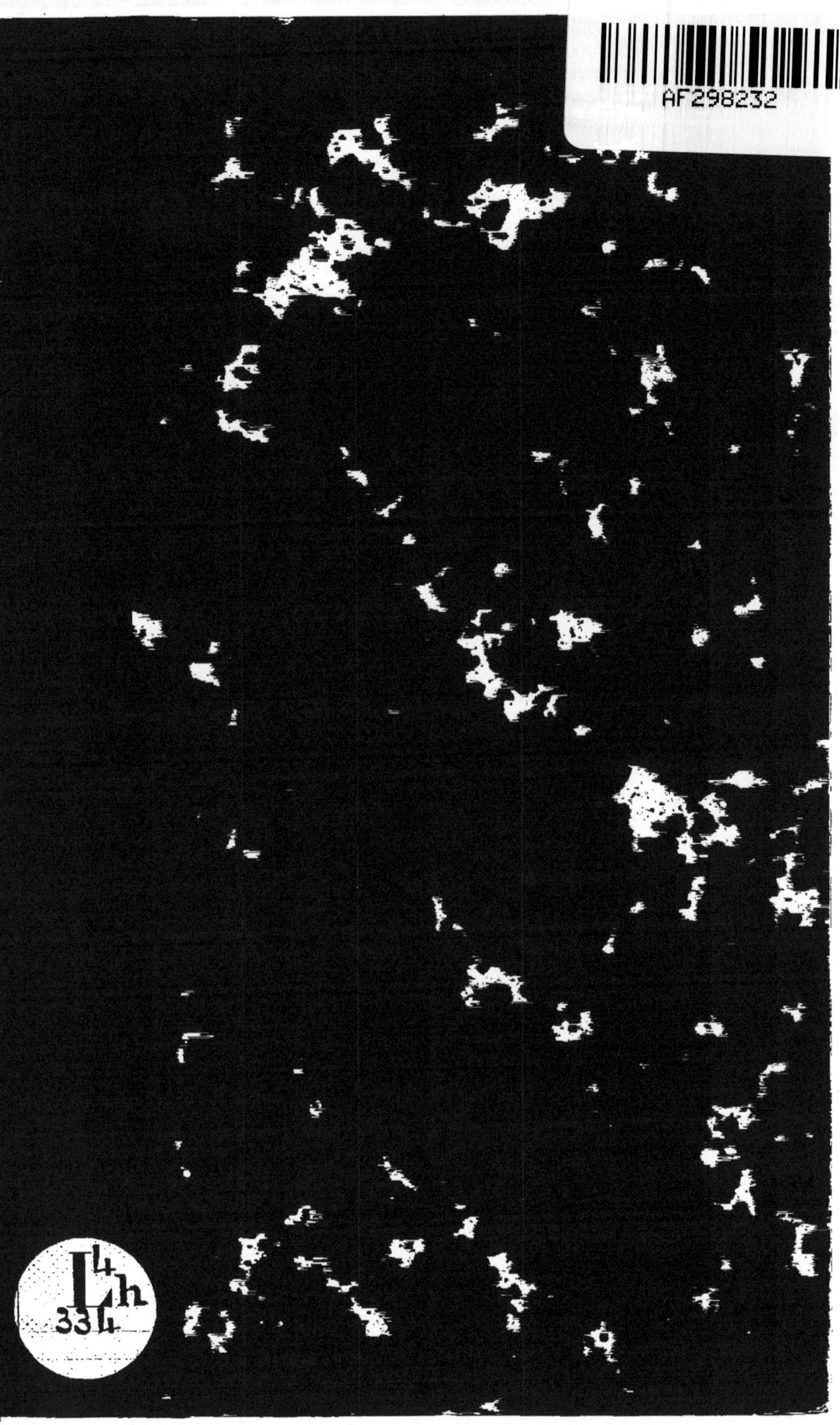

OBSERVATIONS

SUR LA

RELATION DE LA CAMPAGNE DE 1815

CONTENUE DANS

L'HISTOIRE DE L'EUROPE DE M. ALISON,

ET PUBLIÉE EN FRANÇAIS

Dans le Moniteur de l'Armée.

Par E. de Boislecomte.

EXTRAIT DU SPECTATEUR MILITAIRE.

(Cahier de février 1844.)

OBSERVATIONS

SUR LA

RELATION DE LA CAMPAGNE DE 1815

CONTENUE DANS

L'HISTOIRE DE L'EUROPE DE M. ALISON,

ET PUBLIÉE EN FRANÇAIS

Dans le Moniteur de l'Armée.

Le *Moniteur de l'armée* a publié dans ses numéros des 10, 14, 17 et 21 septembre 1843, une relation de la campagne de 1815, traduite de l'*Histoire de l'Europe* par M. Alison, et qui paraît avoir fait une certaine sensation en Angleterre.

Le journal français assure que, dans cette relation, justice a été rendue solennellement à l'armée française et à Napoléon, et que le *Quarterly Review* de Londres a violemment attaqué M. Alison pour ses assertions favorables à la France.

Nous croyons que le journal anglais a été un peu difficile pour la gloire de son pays, s'il a trouvé qu'elle n'était pas suffisamment rehaussée par cette relation , et que le journal français l'a été fort peu en déclarant que cette relation rendait justice à l'armée française. Nous avons voulu étudier à fond ce document, et il est résulté pour nous la conviction que c'est un véritable roman , où les faits principaux sont entièrement controuvés, et où quelques faits de détails ne sont représentés d'une manière en apparence favorable à la gloire de nos soldats , que dans le but de rendre plus honteuse leur défaite et plus glorieuse la tâche de ceux qui les ont vaincus.

Dans cette conviction, nous avons regardé comme un devoir de ne pas laisser sans réponse les assertions de l'auteur anglais et d'y opposer des faits authentiques. Mais ce devoir, nous le remplirons avec autant de modération et d'impartialité que s'il s'agissait d'une campagne étrangère à notre siècle et à notre pays.

Il convient d'abord de remarquer que l'auteur anglais s'est uniquement servi, pour ce qui concerne l'armée française, des *Mémoires de Napoléon ;* mais que, tout en ayant soin d'en extraire ce qu'il a jugé utile à sa cause , il a passé sous silence , sans le discuter, et en le regardant comme non avenu, tout ce qui peut atténuer le mérite de l'armée anglaise et expliquer les malheurs de l'armée française. Nous allons le prouver sur-le-champ par l'exposé des effectifs.

Les effectifs des deux armées sont exposés avec beaucoup de soin dans les Mémoires de l'Empereur; aucune discussion sérieuse, aucune pièce officielle n'est venue en contester l'authenticité, nous devons donc les admettre comme autorités. Nous dirons plus, il y a tout lieu de croire que les effectifs de l'armée française ont été exagérés à dessein, pour prouver la thèse que l'Empereur a posée au commencement de sa relation, à savoir, que, loin de négliger le soin de la défense nationale à son avènement au pouvoir, ses efforts pour créer et organiser des ressources avaient été immenses et couronnés d'un plein succès.

D'après ces états, l'armée française comptait, le 1.er mars 1815, sous les drapeaux, 150,000 hommes, dont 10,000 environ furent désorganisés par suite des événements du 20 mars ; il restait donc 140,000 hommes. L'Empereur appela sous les drapeaux les anciens soldats congédiés et la conscription de 1815. Ces deux catégories devaient donner, selon les calculs de l'Empereur, 280,000 hommes ; mais elles n'en avaient produit, au 1er juin 1815, que 200,000 au plus. L'armée ne comptait donc à cette époque que 340,000 hommes, donnant 200,000 hommes disponibles, et le reste en organisation dans les dépôts. Quant à la composition des corps, voici ce qu'elle était :

La garde impériale avait été réduite à 2 régiments d'infanterie à 2 bataillons, et 2 régiments de cavalerie à 4 escadrons ; il fallut reconstituer 2 régiments d'infanterie de la vieille garde, 4 de moyenne et 4 de jeune, c'est-à-dire passer d'un effectif de 4 bataillons et de 3,000 hommes à un effectif de 24 bataillons et de 12,000 hommes.

L'infanterie de ligne comptait 102 régiments à 2 bataillons, et un effectif de 90,000 hommes, c'est-à-dire de 900 hommes par régiment ; il fallut verser dans chaque régiment 1,200 hommes et y organiser un 3e bataillon ; ce 3e bataillon ne put être prêt au 15 juin, et resta dans les dépôts.

La même chose eut lieu dans la cavalerie, qui, d'un effectif de 18 à 20,000 chevaux et de 25,000 cavaliers, passa à un effectif de 35,000 chevaux et de 45,000 cavaliers (1).

Il en fut de même à peu près dans l'artillerie et dans le génie.

Enfin il fallut organiser 7 corps d'armée et 4 corps d'observation pour garder les frontières de terre et de mer, et, au moment de former l'armée du Nord, il fallut en détacher 20,000 hommes pour les envoyer dans la Vendée, où une insurrection venait d'éclater.

L'armée du Nord, qui devait avoir sous les armes, au 1er juin 1815, 150,000 hommes, n'en compta donc que 120,000, et c'est le chiffre extrême, celui qui résulte des appels à Charleroy, le 13 juin ; on peut donc calculer qu'elle ne se présenta devant l'ennemi qu'avec 110,000 hommes au plus ; car on sait ce qui reste en arrière quand on quitte ses cantonnements de paix pour faire une marche de guerre. Mais prenons le chiffre tel qu'il est, puisque l'auteur anglais l'adopte : c'est déjà beaucoup, car on sait que les rapports ennemis accordaient généreusement à l'armée française 180,000 hommes, tout en réduisant modestement leurs propres forces à 140,000 hommes ; c'est ce qui résulte du rapport officiel du maréchal Blücher.

Tel était le matériel de l'armée, voyons maintenant ce qu'était son moral.

Les anciens régiments avaient été complétement désorganisés ; plus de 20,000 officiers avaient été renvoyés de leurs corps, dans lesquels on en avait introduit d'autres dont les opinions présentaient plus de garantie. Chaque régiment avait reçu un complément double ou triple de son effectif en conscrits et en soldats ren-

(1) C'est à M. le général Preval qu'on doit cette organisation miraculeuse ; il en fut chargé par l'Empereur, et la prépara en deux mois.

trés, aussi étrangers les uns que les autres aux corps dont ils étaient appelés à faire partie. La plupart des chefs étaient nouvellement nommés, et aussi inconnus à leurs officiers que ceux-ci l'étaient à leurs soldats. Les généraux, nommés au dernier moment, n'avaient pu se faire connaître des troupes qu'ils étaient appelés à commander, ni les connaître eux-mêmes, la plupart ayant rejoint la veille même du jour où on entrait en campagne, quelques uns même sur le champ de bataille. L'état-major était entièrement nouveau, et la plupart des officiers qui le composaient n'en avaient jamais rempli les fonctions, et rejoignirent sur le terrain ; quelques généraux en chef n'eurent pas même d'état-major, tel que le maréchal Ney, qui, arrivé de la veille, fut obligé de prendre des officiers de troupe au hasard dans les corps, pour en remplir les fonctions le jour du combat. De là cette déplorable confusion dans la transmission des ordres qui eut lieu pendant toute cette campagne. Enfin le souvenir des événements de 1814, la pensée funeste que la trahison y avait eu une grande part, la défection de quelques chefs la veille même du combat, répandaient sur toute l'armée un voile de défiance réciproque qui nuisait à cette unité de sentiment si nécessaire à l'ensemble, et dont l'unité d'action n'est que la conséquence. Il faut ajouter que de malheureux choix avaient mis à la tête de l'armée des généraux qui avaient toujours figuré dans des circonstances désavantageuses, en Espagne et en France, vis-à-vis les Anglais.

Ce tableau de l'armée française, qui ne contient que l'exacte vérité, est loin de ressembler à celui qu'en fait l'auteur en ces termes :

« Les Français comptaient avec justice sur les admi-
» rables talents militaires de leur chef, sur la suite non

» interrompue de triomphes qui avaient porté leurs
» étendards dans toutes les capitales de l'Europe.... Les
» hommes qui se trouvaient maintenant côte à côte
» étaient *tous* de vieux soldats éprouvés dans cent com-
» bats ; les prisons anglaises avaient rendu à leurs dra-
» peaux ces conquérants de l'Europe continentale, et
» pour la première fois depuis la retraite de Russie,
» les soldats de Wagram et d'Austerlitz se trouvaient
» de nouveau réunis autour de leurs aigles. »

Ces expressions de vétérans d'Austerlitz et de Wagram se trouvent souvent sous la plume de l'auteur
anglais ; or, nous le demandons à tout lecteur sé-
rieux, y a-t-il ombre de bonne foi à supposer que
l'armée française fût composée, non pas même en to-
talité, comme le dit l'auteur, mais même en majorité,
de soldats ayant assisté à ces batailles ? Tout le monde
sait que l'armée française perdit les deux tiers de son
effectif dans la campagne de Moscou ; que, des 400,000
Français entrés en Espagne de 1808 à 1812, 40,000 à
peine rentrèrent en France ; que la Grande-Armée de
1813 reconstruite avec tant de peine après les désastres
de Moscou, comptait dans ses rangs 200,000 conscrits
au moins sur 300,000 hommes ; que la campagne de
1814 s'ouvrit avec 150,000 hommes seulement, etc. Il
est donc complétement inexact de dire que l'armée
qui fit la campagne de 1815 était composée en majorité de vétérans ; ce qui est vrai, c'est qu'elle comptait
dans ses rangs, à peu près en quantité égale, des hommes qui n'avaient jamais vu le feu, et des soldats qui
en avaient fait l'apprentissage en 1813 et 1814. La
garde elle-même, sur 17,000 hommes, comptait 4
à 5,000 conscrits et, là seulement, on pouvait compter
quelques vétérans d'Austerlitz et de Wagram ; mais
nous pouvons le dire hardiment, dans les autres corps,

on eût à peine pu signaler 10 à 12 soldats qui eussent figuré dans ces batailles.

Les assertions de l'auteur anglais démontrent donc une complète ignorance des faits, sinon une insigne mauvaise foi.

Opposons à ce tableau celui qu'il fait de l'armée anglaise.

« Dans cette imposante agglomération formée sous » les drapeaux anglais, on comptait un nombre consi- » dérable de nouvelles recrues, belges ou hanovriennes, » sur lesquelles on ne pouvait placer qu'une médiocre » confiance, et, pour soutenir le choc actuel de la » guerre, Wellington ne pouvait se reposer que sur » les 2 corps anglais et prussiens, forts d'environ » 46,000 hommes, plus 14,000 vieux soldats de Ha- » novre et de Brunswick. L'armée était donc loin d'é- » galer en composition et en discipline celle qui avait » traversé les Pyrénées, et dont une grande partie ser- » vait alors au Canada; elle était remplacée par un » grand nombre de seconds bataillons, et par des » troupes qui n'avaient jamais vu le feu, ou n'avaient » point encore servi ensemble. Il y avait là cependant » quelques uns des plus braves régiments de la Pénin- » sule; les gardes à pied, les gardes à cheval, s'y mon- » traient équipés splendidement, et 9,000 cavaliers » *nobles* (1) semblaient capables de défier toutes les » armées du monde. Picton, Hill, Clinton, Cole, » Pack, et plusieurs autres vieux camarades de Wel- » lington se pressaient autour de lui. L'esprit de l'ar-

(1) Cette expression se trouve dans la traduction française, et nous l'avons copiée telle quelle sans nous rendre compte de ce qu'elle veut dire : il n'y a point de cavalerie noble dans l'armée anglaise, et les life's guards sont composées de simples soldats comme les autres corps.

» mée avait atteint le plus haut degré d'enthousiasme ;
» les troupes avaient en elles-mêmes et en leur géné-
» ral cette confiance qui est le premier élément de
» tout succès militaire. »

La dernière partie de cette description semble con-
tredire la seconde ; mais nous ne nous y arrêterons
pas, et nous remarquerons tout de suite que Napoléon
était bien moins heureux que son rival, car la trahison
avait empoisonné les derniers moments de sa glorieuse
carrière, et si ses soldats avaient confiance en lui, ils
étaient loin d'avoir le même sentiment envers plusieurs
de leurs chefs. Quant à ses compagnons d'armes, loin
d'en être entouré, comme Wellington, il n'avait près de
lui que deux de ses maréchaux ; et l'un d'eux était dé-
moralisé par les funestes résultats des circonstances
politiques auxquelles il avait été si déplorablement
mêlé. Son état-major, habitué à recevoir et compren-
dre ses inspirations, était désorganisé ; enfin, lui-
même, à quelles pénibles préoccupations ne devait-il
pas être livré après ce qui s'était passé en 1814 ?

Quant au matériel de l'armée anglaise dont l'auteur
fait un si déplorable tableau, comment est-il possible
de croire à ce qu'il en dit ? D'abord, dans cette armée,
on ne comptait pas seulement 90,000 hommes et
180 bouches à feu ; son effectif, au 15 juin 1815, était
de 104,000 hommes et 250 bouches à feu, et elle avait
une réserve de huit régiments anglais débarqués à Os-
tende. Dans cette armée figuraient 37,000 Anglais,
25,000 Hollandais, Belges, et 42,000 Allemands. L'auteur anglais fait, à la vérité, bon marché de ses alliés
belges et hollandais ; mais il est facile de lui répondre
que la plupart des soldats de ces troupes avaient servi
brillamment dans les armées françaises jusqu'en 1814,

et qu'assurément on devait y compter plus de vétérans d'Austerlitz et de Wagram que dans ces dernières en 1815. Les honorables chefs qui les commandaient, les généraux Chassé, Perponcher, etc., avaient été élevés à notre école, et avaient prouvé dans nos rangs, et contre les Anglais mêmes, qu'ils avaient quelque valeur militaire. Quant aux recrues, il n'y en avait pas un seul qui n'eût rejoint que depuis deux mois, comme les 50 ou 60,000 qui figuraient dans l'armée française.

Quant aux 30 régiments d'infanterie et aux 18 régiments de cavalerie anglais qui figuraient dans cette armée, il est facile de voir par l'examen des numéros que les trois quarts avaient fait la campagne d'Espagne. Dans tous les cas, il y a quelque chose de singulièrement exagéré dans cette assertion, que sur 200,000 soldats on ne pouvait compter que 60,000 hommes de bonnes troupes.

Le tableau de l'armée anglaise qui sert de contre-partie à celui de l'armée française n'est donc pas plus exact que son pendant.

Revenant aux chiffres, nous constaterons que les effectifs se divisaient ainsi :

Armée franç., 120,000 h., 21,000 ch., 350 b. à feu.

Armée ennem., 224,000 h., 35,000 ch., 500 b. à feu.

En défalquant ce qui doit nécessairement toujours faire la différence des effectifs aux présents, on peut établir en compte rond que les deux armées comptaient, l'une 115,000 hommes, l'autre 220,000.

On voit tout de suite combien cette question des effectifs est importante à considérer dans cette campagne, et combien elle est dominante, on pourrait dire décisive dans la question générale. Suivons-la dans les détails de la campagne.

On sait que le plan de l'Empereur fut de s'interposer entre les deux armées prussienne et anglaise, de les séparer et de les battre successivement.

La bataille de Ligny fut la première partie de la mise en œuvre de ce plan. Fidèle à son système d'exagération, le maréchal Blücher, dans le rapport de cette bataille, donne à l'Empereur 130,000 hommes, et n'en accuse que 80,000. Le fait est que la droite de l'armée française employée à cette bataille était ainsi composée :

3e corps.	16,000 h.
4e corps.	15,000
6e corps.	12,000
Garde.	15,000 (La cavalerie légère manquait.)
Div. Girard du 2e corps.	5,000
3 corps de cavalerie. . .	9,000
Total. . . .	72,000

Elle comptait 14,000 chevaux et 240 bouches à feu.

L'armée prusso-saxonne avait 3 corps d'armée réunis ; le 4e seul, qui formait le quart de son effectif, était absent ; il lui restait donc 90,000 hommes présents avec 210 bouches à feu.

L'auteur anglais adopte les chiffres suivants : Napoléon, 72,000 hommes ; Blücher, 80,000 hommes.

On voit qu'il est assez large quand il s'agit des Prussiens ; il le sera beaucoup moins quand il s'agira de ses compatriotes.

Aux Quatre-Bras, le maréchal Ney, chargé de contenir et battre l'armée anglaise avec l'aile gauche, eut sous ses ordres, d'après la relation de son aide-de-camp le général Heymès :

1er corps (moins la divis. Girard). . . 15,000 h.
Division de cavalerie légère. 1,600
Division de cuirassiers. . . . . 2,000 (1).
                              Total. . . . 18,600

L'Empereur a exagéré ce chiffre dans ses Mémoires en y ajoutant le 1er corps, et en donnant quatre divisions au second ; mais on sait dans quel but, et on sait aussi que, par une fatalité inconcevable, le 1er corps n'a servi en rien à l'aile gauche pas plus qu'à l'aile droite.

Les Anglais comptèrent aux Quatre-Bras :

De midi à trois heures. . . . . . 12,000 hommes.
De trois à six heures. 25,000
De six à neuf heures. 40,000

Nous prenons ici les calculs les plus modérés, car le général Heymès donne même 50,000 hommes aux Anglais. L'auteur anglais adopte les chiffres suivants :

Anglais, à trois heures, 20,000 hommes, sans artillerie ni cavalerie ; à six heures, 35,000 hommes.

Français, 40,000 hommes, 5,000 chevaux et 116 bouches à feu.

On voit tout de suite le but de cette exagération ; il s'agit de faire ressortir le mérite des Anglais, qui, selon l'auteur, auraient, avec 20,000 hommes, sans cavalerie et sans artillerie, résisté à 42,000 Français,

_____

(1) Le général Kellermann ne put arriver entre trois et quatre heures qu'avec une brigade de son corps de cavalerie, 8e et 11e cuirassiers ; une autre brigade rejoignit plus tard, mais la 2e division ne parut pas.

et les auraient battus avec 35,000. Le fait est que le maréchal Ney n'a jamais eu que 18,000 hommes et 2 à 3,000 chevaux. Quant aux canons, il n'en eut que 50 au plus, puisque l'Empereur en avait 240 à 250 à Ligny, le 1er corps 46 au centre, et que l'armée n'en comptait en tout que 350. Du reste, il n'est pas exact de dire que les Anglais n'aient eu ni cavalerie ni artillerie pendant toute l'affaire; le corps belge avait 12 bouches à feu; le corps brunswickois 1,500 chevaux, et le reste de l'artillerie et de la cavalerie anglaise arriva entre six et sept heures du soir.

Voilà donc l'auteur anglais pris encore en flagrant délit d'inexactitude.

A Waterloo, le rapport du maréchal Blücher donne à l'armée française 130,000 hommes, et à l'armée anglaise 80,000. L'auteur anglais adopte les chiffres suivants : Napoléon, 80,000 hommes; Wellington, 72,000; Blücher, 52,000. Voici les chiffres réels :

L'armée anglaise, forte, le 15, de 104,000, en avait perdu 9 à 10,000, le 16 et le 17; il lui restait donc 94,000 hommes à l'effectif, c'est-à-dire environ 90,000 présents. L'armée prussienne, forte de 120,000 hommes le 15, en avait perdu 20,000 le 16; le corps de Thielmann, fort de 25,000 hommes, était absent. Il lui restait donc un effectif de 75,000 hommes ou 70,000 présents. L'armée française, forte de 120,000 hommes le 15, en avait perdu 12 à 15,000 le 16; le détachement du maréchal Grouchy en comprenait 34,000; la division Girard du 2e corps, réduite à 3,000, était restée à Ligny; il restait donc à l'Empereur, à Waterloo, 70 à 72,000 hommes, 13,000 chevaux et environ 240 bouches à feu, c'est-à-dire à peu près 70,000 combattants. L'Empereur, dans ses Mémoires, en compte 69,000. Les chiffres exacts sont donc :

Anglais.   90,000   }
Prussiens.   70,000   } 160,000.
Français. . . . .   70,000.

Les premiers comptaient environ 25,000 chevaux et 300 bouches à feu ; les Français ne comptaient que 13,000 chevaux et 240 bouches à feu.

L'armée anglaise à elle seule était donc plus nombreuse que l'armée française, et celle-ci était moindre de moitié que les deux armées ennemies réunies.

Il nous semble que ces chiffres une fois posés, tout le reste en découle.

Ainsi donc, faute de forces suffisantes, l'Empereur ne put effectuer à Ligny son plan de séparer les deux armées ennemies et de rejeter l'une sur Namur et l'autre sur Bruxelles ; faute de forces suffisantes, il ne put battre l'armée anglaise, à Waterloo, avant l'arrivée de l'armée prussienne.

Sans entrer dans de nouvelles considérations sur la campagne de 1815, sans vouloir juger les questions contentieuses qu'elle a soulevées, nous croyons qu'il suffit d'énoncer ainsi la question générale pour que toutes les personnes de bonne foi rendent aux armées françaises la justice qu'elles méritent ; et, pour en résumer la solution dans les termes les plus généraux et les plus simples, nous dirons que l'armée française ayant été désorganisée et démoralisée par suite des événements de 1814, son chef, quelque habile qu'il fût, n'a pu, en trois mois, lui rendre l'effectif et le moral nécessaires pour qu'elle pût se mesurer avec les forces nombreuses dont disposait l'ennemi, et pour qu'elle pût être entre ses mains un instrument suffisant pour répondre aux immenses nécessités de la situation.

Ce n'est point là une fatalité, comme on l'a dit souvent ; c'est une déplorable mais inévitable conséquence des événements dont il faut chercher la source dans les faits qui se sont passés depuis 1812, et dont nous avons cherché à donner l'explication à la suite de nos études sur les campagnes de 1812 et 1813. Considérée sous ce point de vue si simple, la campagne de 1815 doit être proclamée un trait de génie sublime de la part de celui qui l'a conçue, un acte de courage inouï de la part de ceux qui l'ont exécutée ; mais un fait dont l'inévitable contingence est facile à expliquer si on l'examine, non pas d'un point de vue absolu, comme l'a fait l'auteur anglais, et comme l'ont fait presque tous les annalistes français ou étrangers, mais en relation avec les faits qui l'ont précédé ou suivi dans l'histoire.

Cela posé, examinons les faits de détail. L'auteur continuant à puiser dans les Mémoires de Napoléon, mais laissant toujours de côté tout ce qui ne rentre pas dans son plan, a omis à dessein de parler de tout ce que contiennent les neuf observations qui suivent, dans ces Mémoires, le récit de cette campagne, observations sublimes et que doit étudier tout homme de guerre, tout historien qui veut se rendre compte, pour en tirer leçon pour l'avenir, de tous les obstacles que peuvent opposer les faits à la puissance du génie qui veut les diriger, de tout homme, en un mot, qui veut étudier la lutte de l'action et de la pensée, de l'unité et de la multiplicité, dans l'exercice de la volonté. C'était là un sujet de méditation digne d'un historien.

L'auteur, au lieu de se livrer à cette étude vraiment philosophique, a préféré se jeter dans le pittoresque, et il a passé sous silence ou attribué à des causes romanesques l'inaction inexplicable des généraux surpris à l'improviste par le rassemblement de l'armée française, dont un des corps, le 4ᵉ, parti de Metz et de Mézières, avait défilé devant eux pendant huit jours ; il n'a parlé ni de la mauvaise disposition des cantonnements anglais où toutes les armes étaient séparées les unes des autres, ni de la faute énorme que firent les adversaires de Napoléon en ne rétrogradant pas devant lui, pour se réunir entre Bruxelles et Namur, ou plus loin encore, ni de celles que fit le général anglais en ne se mettant point, le 16, à portée de l'armée prussienne, et en se prolongeant, au contraire, à droite et en avant, pour se faire battre en détail, ce qui fût arrivé infailliblement si Ney eût attaqué plus tôt ou eût pu disposer du 1ᵉʳ corps. Il a omis les contre-sens commis par le général prussien, qui, au lieu d'opérer sa retraite sur l'armée anglaise, s'en éloigna, le 17, à plus de 20 kilomètres, tandis qu'il n'en était, le 16, qu'à 6 ou 8, pour venir le rejoindre, le 18, avec mille difficultés ; et enfin il n'a rien dit du mauvais choix du champ de bataille de Waterloo, etc., etc. S'il eût relaté et examiné ces fautes, il eût vu et constaté comment de déplorables fatalités les ont neutralisées, et ont fait tourner contre lui les admirables combinaisons de l'adversaire des auteurs de ces maladresses. Ainsi, 1° la réunion de l'armée, le 15, à Charleroy, eut lieu trop tard, et les Prussiens ne purent être chassés ce jour-là de Fleurus, et rejetés sur Namur; 2° le 16, le 4ᵉ corps n'arriva qu'à midi, et les troupes ne purent être engagées qu'à deux heures, trop

tard encore pour obtenir un succès décisif; 3° le
1er corps ne servit à rien, et se promena de la droite
à la gauche, sans utilité pour l'une ni pour l'autre ;
4° la journée du 17 fut perdue, parce qu'une raison que
l'Empereur n'explique pas l'empêcha de se rendre aux
Quatre-Bras avant onze heures du matin, et que plus tard
la pluie empêcha les troupes d'agir; 5° cette dernière
raison empêcha l'Empereur de commencer la bataille,
le 18, avant midi; 6° l'impossibilité où se trouvait le
duc de Wellington d'opérer sa retraite le fit rester sur
le champ de bataille deux fois jusqu'à ce que les Prussiens vinssent le tirer d'affaire; 7° 34,000 Français
ayant suivi les Prussiens sur la droite dans leur retraite
ne les suivirent pas lorsqu'ils se rabattirent sur la
gauche, et furent confisqués en pure perte.

C'était là un beau sujet d'études, et on pouvait en tirer
de graves et utiles leçons pour l'avenir : c'eût été là remplir dignement son rôle d'historien ; mais dissimuler les
faits, par intérêt personnel, quand on écrit l'histoire,
c'est se mettre volontairement dans le faux, c'est vouloir
y mettre ses lecteurs, et le faux, dans le passé, ne sert
qu'à engendrer l'erreur dans l'avenir ; l'utilité de l'histoire est dans son impartialité et sa véracité.

Revenons aux détails. Nous ne parlerons pas de l'affaire des Quatre-Bras ; il suffira de renvoyer aux publi-
cations de MM. le général Heymès, aide-de-camp du
maréchal Ney, le duc d'Elchingen, son fils, et le général Reille. Du reste, les explications données dans
le *Moniteur de l'Armée* du 12 octobre dernier, par le
duc d'Elchingen, ne laissent aucun doute sur la faus-
seté des assertions de l'auteur anglais. Nous nous bor-
nerons donc à faire ressortir les contradictions dans
lesquelles il est tombé.

Ainsi il dit d'abord : « Les forces de Picton et du
» prince d'Orange n'excédaient pas 20,000 hommes,
» et Ney en avait *plus du double*, dont 5,000 de cava-
» lerie et 116 pièces de canon. » (Nous avons vu ce
qu'il faut penser de ces 5,000 chevaux et de ces
116 pièces.)

Mais plus tard il dit lui-même : « Wellington arriva
» à quatre heures, et avec lui les 1re et 3e divisions, ce
» qui élevait le nombre des alliés à 36,000........ Ney,
» avec le corps de Reille et les cuirassiers, faisait les
» plus grands efforts pour débusquer les Anglais de leur
» position. »

Or, le 2e corps et les cuirassiers ne comptaient que
17 à 18,000 hommes ; ce n'étaient donc pas 20,000 Anglais contre 42,000 Français, comme il est dit plus
haut, mais bien 18,000 Français contre 36,000 Anglais
en position, ce qui est la proportion contraire.

Quant à cette assertion que le 1er corps arriva le soir
aux Quatre-Bras, lorsque l'affaire était déjà perdue,
elle est tout-à-fait fausse ; car on sait que son chef y
arriva seul, à neuf heures du soir, et que son corps
d'armée étant encore à Ligny à sept heures du soir, il
était matériellement impossible qu'il pût être aux
Quatre-Bras entre huit et neuf heures : car Ligny est à
12 kilom. environ des Quatre-Bras, et dès lors il n'eût
pas *puissamment contribué au gain de la bataille de Ligny*,
comme l'assure l'auteur anglais lui-même. Mais c'est
là encore une assertion fausse de tous points ; car le
rapport du maréchal Blücher n'en parle même pas,
et ce corps n'arriva, en effet, qu'en vue de Saint-
Amand, où sa présence n'eut d'autre résultat que de
faire reculer la division Girard et le 3e corps, qui le
prirent pour un corps anglais, et d'ailleurs on sait que

c'est le mouvement de la garde sur Ligny, au centre, et la percée opérée par la division Pécheux au-delà de ce village, qui amenèrent le gain de la bataille : c'est ce qui résulte de la relation ennemie (1).

C'est dans le récit de la bataille de Waterloo qu'il faut voir avec quel art, avec quel apprêt d'apparenté franchise, l'auteur anglais a su déguiser la vérité pour la plus grande gloire de ses compatriotes. Nous avons déjà vu qu'il avait diminué l'effectif de l'armée anglaise de 20,000 hommes et de 60 bouches à feu ; en revanche, il recommence et amplifie la magnifique description qu'il a faite de l'armée française ; il s'arrête avec admiration devant ce qu'il appelle les 24 batail-

---

(1) Après toutes les explications contradictoires données sur la bataille de Waterloo, il reste encore une chose inexpliquée, ce sont les mouvements du premier corps, le 16. Le général Heymès, aide-de-camp du maréchal Ney, dit bien que l'ordre fut expédié dans la nuit, au comte d'Erlon, à Marchiennes, de se diriger sur Frasnes, qu'on l'attendit jusqu'à trois heures, et qu'alors arriva le colonel Laurent, du quartier-général de l'Empereur, qui annonça qu'il venait de porter au 1ᵉʳ corps l'ordre de marcher sur Saint-Amand. Mais rien n'explique pourquoi ce corps est resté inactif en avant de Marchiennes jusqu'à deux heures du soir ; comment ayant reçu des ordres du maréchal Ney, dès le matin, pour marcher sur Frasnes, il n'y a pas obéi, ni même répondu, et pourquoi le maréchal, pendant ce long espace de temps, n'a pas réitéré ses ordres, et ne s'est pas inquiété de ne pas voir revenir les officiers par lesquels il les avait expédiés, ou du moins de ne pas y recevoir de réponse ; la courte distance qui séparait le 1ᵉʳ quartier-général du maréchal, Gosselies, de celui du comte d'Erlon, Marchiennes, distance qu'on ne peut évaluer à plus de 8 kilomètres, rend très extraordinaires toutes ces circonstances, et il est vivement à regretter que le général Heymès, dont la relation est empreinte de tant de bonne foi, ne se soit pas expliqué sur ces points ; il est encore bien plus à regretter que la mort récente du comte d'Erlon nous prive d'une explication longtemps attendue de sa part. Espérons que sa famille trouvera dans ses papiers des matériaux susceptibles de jeter quelque lumière sur ces détails, et qu'elle s'empressera de les publier.

lons de la vieille garde, qu'il représente comme peuplés de vétérans, tandis qu'on sait que la vieille garde ne comptait que 8 bataillons, et que le reste était composé de jeune garde où les conscrits de deux mois de service entraient pour moitié. On verra plus tard qu'il n'exalte tant cette garde que pour mieux la déshonorer, afin de rehausser l'honneur anglais à ses dépens. Mais passons aux détails.

On sait que toutes les manœuvres de la première partie de la bataille de Waterloo se réduisirent à ceci :

Le général Reille attaqua la droite de l'armée anglaise, pendant que le maréchal Ney cherchait à enfoncer le centre et à tourner la gauche, de manière à s'interposer entre le flanc gauche des Anglais et des Prussiens, et à rejeter les premiers sur leur droite. Napoléon ne disposait pour cette attaque que de 3 corps d'armée, le 1ᵉʳ, le 2ᵉ et le 6ᵉ (1), en tout 74 bataillons, ou 36,000 hommes au plus, avec une réserve de 24 bataillons de la garde, ou 12,000 hommes. Les Anglais avaient pour y résister 103 bataillons, ou 66,000 hommes au moins, et pour réserve l'armée prussienne. On voit donc que la bataille était impossible.

L'attaque de gauche, sur le bois d'Hougoumont, ne réussit qu'en partie; les gardes anglaises y furent employées dès le début, ce qui prouve que le général an-

___

(1) Les 1ᵉʳ et 2ᵉ corps avaient, à Waterloo, l'un 4, l'autre 3 divisions de 4 régiments à 2 bataillons ; le 6ᵉ corps comptait 3 divisions de 3 régiments chacune ; les bataillons forts, en partant de Charleroy, de 600 h. environ, n'en comptaient plus à Waterloo que de 4 à 500, l'un portant l'autre ; nous les portons tous à 500. Les bataillons anglais partis de Bruxelles avec un effectif de 7 à 900 hommes, en comptaient encore, sous les armes, de 6 à 800 à Waterloo. Nous ne les portons qu'à 600 hommes ; on voit donc que nous sommes bien modéré dans nos calculs.

glais, comptant sur les Prussiens, ne pensait pas avoir besoin de réserve.

On trouve dans la relation de M. Alison de graves contradictions en ce qui concerne cette défense. En premier lieu, il dit que 30 batteries anglaises y furent employées; or tout le monde sait que chaque batterie est de 6 pièces; cela ferait donc 180 bouches à feu, et l'auteur n'en a donné que 186 en tout à l'armée anglaise! Nous avons dit qu'elle en avait 256; l'auteur anglais prouve donc que nous ne nous sommes pas trompé. Il dit ensuite que les gardes anglaises reprirent le verger et s'y maintinrent toute la journée. Napoléon dit que le château, le bois et le verger furent pris. Plus loin, M. Alison dit que le 52ᵉ et les Brunswickois reprirent le verger d'Hougoumont. Il avait donc été évacué par les Anglais! Cependant nous devons dire que le général Heymès assure qu'ils s'y maintinrent: alors, pourquoi cette contradiction ?

Parlant de l'attaque du centre, il la représente comme principale, et faite par les corps de Ney et d'Erlon, tandis que celle de gauche n'eût été qu'une feinte. C'est là une erreur énorme : le maréchal Ney n'avait point de corps d'armée particulier; il dirigeait le corps du comte d'Erlon, qui ne comptait que 16,000 hommes d'infanterie à peine, et non 20,000, comme le dit l'auteur ; c'était seulement 2 ou 3,000 hommes de plus que le 2ᵉ corps chargé de l'attaque de gauche.

C'est au moment où eut lieu l'attaque du centre que parut l'avant-garde de Bulow, sortant du bois. L'Empereur envoya le 6ᵉ corps et une division légère, en tout 10,000 hommes. Il ne restait donc plus devant le front des Anglais que le 1ᵉʳ et le

2ᵉ corps, 26 à 28,000 hommes, et le maréchal Ney, chargé de l'attaque du centre, était privé de la réserve qui devait l'aider à l'exécuter. Néanmoins cette attaque fut faite avec une telle vigueur, que sans l'énergie du brave Picton, qui s'y fit tuer, les Anglais eussent été enfoncés. L'auteur anglais, au contraire, attribue tout le succès de ses compatriotes à la charge de lord Ponsonby, qui ne fut qu'un accident heureux, et assure qu'en voyant la prétendue déroute qui s'ensuivit, l'Empereur envoya au secours de Ney les batteries et les colonnes du centre. On ne sait ce que cela veut dire. Le centre tout entier n'était composé que du 1ᵉʳ corps, puisque le 6ᵉ était allé au-devant des Prussiens, et le maréchal n'eut jamais d'autres troupes à sa disposition. Que deviennent donc ces 80 pièces, ces 2,000 prisonniers, *ces cuirassiers écrasés sous le poids des hommes et des chevaux de la brigade Somerset*, et ces mouvements du duc de Wellington, allant d'un carré dans un autre pour encourager ses troupes, et se mettre lui-même à couvert? Tout cela a pu arriver lors de la grande charge de la cavalerie française; mais dans le début de la bataille il n'y eut rien de semblable. Tout le monde sait que la charge de cavalerie de lord Ponsonby mit en désordre une division du 1ᵉʳ corps, et désorganisa une batterie, mais que bientôt la scène changea, et que les vainqueurs furent repoussés, sans qu'un seul pût regagner l'armée anglaise. Cela est si vrai que lord Ponsonby, au lieu d'être tué à la tête de ses troupes, le fut derrière elles, au milieu de la batterie française qu'elles avaient dépassée, et par un des officiers de cette batterie; nous croyons même que cet officier vit encore.

Un seul fait est certain, c'est que le 6ᵉ corps, servant

de réserve au 2e, au centre, et ayant été envoyé sur la droite par suite de l'apparition des Prussiens, le 2e corps ne put enfoncer le centre anglais à lui tout seul.

L'avant-garde de Bulow parut à midi; à deux heures, elle s'engagea avec le 6e corps; le premier échelon prussien fut d'abord enfoncé, mais les deux autres rétablirent le combat et firent rétrograder le corps français ; l'Empereur fit marcher à son secours la 3e, puis la 2e division de la garde ; la 1re s'avança et prit position en avant de Planchenois. Les Prussiens furent repoussés ; mais à sept heures du soir seulement, la réserve entière de l'Empereur était engagée. Pendant ce temps, de quatre à sept heures du soir, le maréchal Ney, ayant dépassé la Haie-Sainte, et voyant la nécessité de faire occuper l'intervalle que le mouvement du 6e corps avait ouvert sur sa droite, demanda une brigade de cavalerie de réserve ; elle se mit en mouvement, et, par une fatalité inconcevable, toutes les réserves de cavalerie suivirent, même la cavalerie de la garde (1). Ces 12,000 chevaux, resserrés sur un trop petit espace pour se déployer, se nuisirent par leur nombre même ; cependant des charges heureuses eurent lieu, toute l'armée ennemie fut refoulée jusqu'à la lisière de la forêt de Soignes; la ferme de la Haie-Sainte fut emportée, et déjà la ligne des fuyards se prolongeait jusqu'à Bruxelles ; il était sept heures du soir : alors la bataille était gagnée, il suffisait, pour achever la victoire, de faire occuper par l'infanterie le terrain conquis par la cavalerie. Le maréchal Ney en fit demander à l'Empereur; mais où la prendre ? La garde seule pouvait en fournir, et elle était engagée en avant sur la droite ;

(1) Relation du général Heymès.

l'Empereur donna ordre de la rallier : *il était important, dit-il, qu'elle s'engageât toute à la fois !* Mais ce ralliement prit du temps, et la cavalerie n'étant pas soutenue et ne pouvant pousser l'infanterie anglaise au-delà de la forêt qui lui servait d'appui, exposée à un feu terrible d'artillerie et de mousqueterie, ses escadrons se gênant réciproquement sur un terrain trop étroit, cette cavalerie, qui avait obtenu un si grand succès, recula ; c'est alors que Napoléon, sentant la nécessité indispensable de la soutenir, ordonna au général Reille de renouveler son attaque sur la gauche, et conduisit lui-même, à l'attaque du centre, les quatre premiers bataillons de la garde qui se trouvèrent en ligne. Ils renversèrent tout ce qui était devant eux ; 4 autres bataillons arrivèrent pour les soutenir, l'ennemi pliait : *Il fallait un quart d'heure !* dit l'Empereur dans ses *Mémoires ;* mais déjà le corps prussien de Ziéthen avait débouché du bois d'Ohain, celui de Bulow se reporta en avant et culbuta la division française qui gardait la droite de la Haie-Sainte, et ouvrit une trouée entre le 6e et le 1er corps ; la cavalerie ennemie s'y précipita, et il fallut ordonner à la garde, débordée par ce mouvement, de faire un changement de front à droite, en arrière, pour couvrir son flanc ; c'est alors qu'une brigade de cavalerie anglaise passa entre le 2e corps et la garde à gauche, et le champ de bataille fut inondé, en arrière de nos troupes, par toute cette cavalerie ; la retraite devint générale ; la garde, débordée sur ses deux flancs, résista seule, en se formant en carrés. Si la cavalerie de la garde eût été conservée intacte, elle eût pu charger cette cavalerie ; mais elle était dispersée depuis qu'elle avait été si malencontreusement engagée au milieu de l'action ; le 6e corps, débordé à droite par Bulow, avait cédé, et la garde, entraînée par le mouvement général, se mit en retraite à la nuit close...

Voilà la vérité sur le dénouement du triste drame joué sur le champ de bataille de Waterloo ; voici maintenant la manière dont l'auteur anglais arrange les événements.

Après avoir fait écraser par les Écossais gris les cuirassiers Milhaud qui avaient repoussé la charge de Ponsonby, M. Alison dit que Napoléon envoya toute sa cavalerie pour les soutenir (1). 12,000 chevaux, dit-il, gravirent la colline et se précipitèrent sur les carrés, jusqu'à ce qu'enfin le feu de l'infanterie parvint à repousser la charge des cuirassiers, dont une moitié resta sur le carreau. C'est à ce moment que l'auteur anglais place le mouvement de Blücher, bien entendu lorsque l'armée anglaise avait repoussé l'ennemi.

« Alors, dit-il, Napoléon vit la nécessité de percer
» le centre anglais avant l'arrivée des Prussiens ; il fit
» avancer la garde, elle gravit la hauteur ; mais là
» Wellington l'attendait avec 10 bataillons anglais, les
» Hollandais flanqués par une nombreuse artillerie et
» 2 brigades de cavalerie légère. Le choc de la garde fut
» d'abord irrésistible ; mais les gardes anglaises étaient
» couchées *sur quatre de profondeur* (*sic*) dans un petit
» fossé : Debout, gardes, et visez bien ! s'écrie le duc.
» Au même instant les soldats se levant marchèrent
» quelques pas et lancèrent une telle volée que les
» deux premiers rangs tombèrent du coup ; puis,
» s'avançant graduellement, ils refoulèrent au bas de la
» colline l'immense colonne... Le cri : Tout est perdu,

(1) On sait si l'Empereur ordonna ce mouvement, et combien, au contraire, il le déplora. (*Mémoires*, t. IX, p. 133 et 143.)

» la garde recule ! s'éleva au milieu des rangs français.
» L'énorme masse, refoulée au bas de la colline, en-
» traîna tout sur son passage et répandit le désordre
» au centre de l'armée française. *Au moment même où*
» *la colonne de la vieille garde se repliait en désordre au*
» *bas de la colline, Wellington aperçut les étendards de*
» *Blücher dans le bois, au-delà d'Ohain...* La canonnade
» indiquait que Ziethen était arrivé et que les Prus-
» siens en grande force *allaient* prendre part au com-
» bat. Le duc ordonna alors un mouvement général
» en avant, et, le chapeau à la main, il se mit à la tête
» des troupes qu'il entraîna... D'un pas joyeux, toute
» la ligne de 50,000 hommes s'avança comme un seul
» homme au commandement de son chef... Les Fran-
» çais furent foudroyés en apercevant ce corps immense
» qui chassa devant lui la dernière colonne de la garde
» impériale. *Au même instant,* les corps prussiens de
» Bulow et de Ziethen sortirent entièrement du
» bois, etc., etc. »

Ainsi, voilà qui est bien clair, l'armée anglaise avait
repoussé l'attaque des Français, les avait mis en déroute et avait remporté une victoire complète, lorsque
les Prussiens parurent. Que devient, en présence de
cette assertion, ce passage du rapport de Blücher?
« L'armée anglaise combattit avec un courage admi-
» rable... *Mais, quelque fermeté que missent les troupes*
» *anglaises pour se maintenir dans leur position,* il n'était
» pas possible que tant d'efforts héroïques n'eussent
» un terme... le moment décisif était arrivé... Le
» général Bulow s'avança, etc. » Et plus loin : « Il était
» sept heures et demie, *et l'issue de la bataille était*
» *encore incertaine... Dans ce moment,* le corps du gé-
» néral Ziethen arriva sur le flanc gauche de l'ennemi,

» il chargea sur-le-champ. *Ce mouvement décida la dé-* » *faite de l'ennemi.* Nos troupes *attaquèrent l'ennemi* de » tous les côtés, *pendant* que toute la ligne anglaise » *s'avançait.* »

Est-il nécessaire de justifier davantage cette qualification de roman que nous avons donnée à la relation de M. Alison ? Et quel roman, grand Dieu ! Est-il permis à un homme qui a vu une seule fois un champ de bataille dans sa vie d'oser raconter des choses aussi extravagantes que ces manœuvres de Franconi que décrit l'auteur anglais avec un aplomb imperturbable ? Il y a de quoi faire rougir tout admirateur sincère de la gloire du duc de Wellington, en le voyant représenté ainsi en héros du Cirque-Olympique. Le duc de Wellington a eu, en toutes occasions, un immense mérite, celui de la ténacité ; à Waterloo, il a porté ce mérite au *summum*, et il a eu de plus celui de n'avoir pas désespéré de ses soldats et de s'être cramponné au mauvais champ de bataille qu'il avait choisi, jusqu'à ce que les Prussiens vinssent le tirer d'affaire ; ce mérite est grand, car c'est à cela que son pays et son armée ont dû la gloire et les avantages qu'ils ont recueillis de cette bataille, mais voilà tout.

Ce n'était pas avec ces formes emphatiques et ridicules que nous le représentait un homme qui ne l'a pas quitté un seul instant, le 18 juin, le général espagnol don Ricardo de Alava : « Tout le monde, nous » disait-il, se croyait perdu ; lord Hill s'approcha du » duc et lui demanda ce qu'il ordonnait : rien, répon- » dit-il. — Mais vous pouvez être tué, et il est impor- » tant que celui qui vous remplacera connaisse votre » pensée. — Je n'en ai pas d'autre que de tenir ici » tant que je pourrai ! » répliqua le duc.

Mais que dire de ces stupidités niaises que l'auteur met dans la bouche de Napoléon : *Ces terribles chevaux gris, comme ils travaillent!* aurait-il dit à son *guide* en voyant la charge des Écossais gris : *Ils sont mêlés ensemble!* se serait-il écrié, pâle comme la mort, en voyant les cavaliers anglais pénétrer dans les rangs de la garde. A-t-on jamais prêté de pareilles bêtises (disons le mot) à un homme comme l'Empereur !

Nous pardonnerions encore à l'auteur anglais ces platitudes, et même le chapeau triomphant de son héros, s'il n'eût pas avancé cette assertion fausse et déloyale, que la garde impériale avait été rejetée en désordre au bas de la colline par l'infanterie anglaise, avant l'arrivée des Prussiens, tandis qu'il est avéré qu'elle n'a fait qu'un changement de front en arrière pour résister à leur cavalerie, quand elle l'eut séparée du 6ᵉ corps.

Qu'il nous soit permis de terminer cette analyse par quelques réflexions.

Les revers d'une nation font partie de sa gloire comme ses triomphes ; souvent même ils attestent à un plus haut degré sa valeur sociale et militaire ; et quand, loin de l'abattre, ils rehaussent son énergie et son courage, ils servent plus que les succès peut-être au maintien de son existence et à ses progrès politiques. Il faut donc que les nations conservent précieusement le souvenir de leurs défaites, et qu'elles défendent aussi soigneusement la gloire qui s'y rattache que celle qui résulte de leurs victoires. Ces principes, qui nous on inspiré la discussion qu'on vient de lire, peuvent paraître un paradoxe, mais il n'est pas si difficile qu'on pense d'en prouver l'exactitude.

Toute nation a une existence propre qui résulte d'une certaine communauté de territoire, de langage, de sentiments, d'intérêts qui ne se fonde qu'à l'aide de luttes violentes dont l'issue détermine le but social vers lequel convergent tous les efforts longtemps divisés ou même contraires. Soit que cette réunion ait lieu par l'effet d'une conquête, soit qu'elle soit le produit d'une fusion entre des origines diverses, elle confond dans une unité d'avenir tous les souvenirs du passé qui a présidé à son établissement, et, dans ce passé, les triomphes et les résistances concourent également à former le domaine de la gloire commune. Que l'on examine ce qui s'est passé dans l'ancienne Rome, entre les diverses cités italiques; en Angleterre, entre les trois grandes fractions de l'unité britannique; en France, entre les populations du Nord et du Midi, de l'Est et de l'Ouest; qu'on se rappelle même, en se reportant à des souvenirs plus récents, ce qui s'est passé dans la Vendée, et l'on se convaincra que de ces luttes sanglantes ressort une gloire commune où l'énergie de la résistance le dispute au mérite du triomphe. Ce qui n'est pas moins prouvé, c'est que, si la conquête eût été facile et instantanée, ou si la fusion n'eût donné lieu à aucune lutte intérieure, le caractère national n'eût pu, par l'énergie de ses résistances, comme par la vigueur de ses triomphes, se rendre respectable au-dehors et fort au-dedans, en conquérant à la fois l'estime de l'étranger et la confiance du citoyen. Mais il y a plus, une fois l'unité fondée, une fois le but social formulé, c'est par les luttes intérieures et extérieures, et par les chances diverses dont elles sont accompagnées, que s'opèrent les progrès politiques. Dans ces luttes, en effet, la société a besoin du dévouement de tous ses membres, et c'est lorsque le succès est vivement disputé, lorsque la résistance devient difficile et énergique, que le concours des masses devient plus nécessaire et qu'elles conquièrent par leur dévouement les droits que leur eût disputés l'égoïsme triomphant. Les progrès deviennent donc d'autant plus effectifs et rapides qu'ils réunissent le concours d'un plus grand nombre de volontés, et qu'ils inspirent des désirs plus violents par la résistance qu'ils rencontrent, soit à l'intérieur, soit à l'extérieur.

Si, en effet, ces luttes avaient pour résultat un succès constant, elles n'engendreraient probablement que l'égoïsme et la domination, tandis que si les progrès ne s'accomplissent que par une succession de revers et de victoires, le dévouement se maintient et s'accroît en raison de la nécessité et de l'importance des efforts, et le sentiment national s'entretient et s'irrite en raison des dangers qui le menacent ; c'est ainsi que par l'effet de cette vérité immense en morale, comme en physique, que la réaction répond à l'action, les progrès sociaux sont d'autant plus certains et d'autant plus rapides que leur réalisation est plus disputée, et que les actes de force qu'ils exigent réclament un dévouement plus énergique et le dévouement d'un plus grand nombre de membres de l'association.

Cette vérité est applicable aux actes de défense contre l'ennemi extérieur, comme aux faits de lutte intérieure ; cette défense étant d'autant plus énergique que le sol est plus fortement menacé et que l'ennemi a plus de succès, car alors le dévouement exalté par le désespoir enfante des miracles.

Il est de même encore, en sens contraire, dans ces actes de pur égoïsme qu'on appelle conquêtes, et dans lesquels la résistance, si elle n'est pas invincible, accroît l'audace et l'énergie du vainqueur en lui donnant, dans les limites de la possibilité cependant, l'occasion de déployer ces moyens de force qui seuls peuvent fonder sa domination, tandis que si rien ne lui résiste, enivré de ses succès, il s'endort dans la victoire et les jouissances qu'elle lui procure, laissant au hasard le soin de consolider sa conquête.

Appliquées à l'histoire de la France, ces vérités acquièrent une démonstration irrésistible.

C'est à la suite d'une lutte où les fortunes furent diverses pour tous, que se forma, sur le territoire de la Gaule, un nouvel État par la réunion des populations barbares, gauloises et romaines, opérée par un chef militaire et un évêque. Peu de temps après, par suite de l'égoïsme et de la faiblesse des successeurs de ce chef qui ne s'occupaient qu'à jouir des résultats de sa conquête, l'établissement social fondé par lui eût été compromis par l'invasion des Sarrasins, qui en avaient conquis déjà la plus grande partie, si un chef militaire nouveau, se mettant à la tête d'une portion de la nation réveillée par les succès de l'ennemi de sa religion et de son indépendance, ne l'eût vaincu et refoulé hors du sol national.

C'est ainsi que s'est formée la seconde race.

S'endormant dans leur succès, ne s'occupant que de leurs luttes personnelles, les descendants de Charles Martel laissèrent envahir la France par un nouvel ennemi, les Normands, et, le danger ranimant l'énergie de ses défenseurs, ils élevèrent sur le pavois le chef qu'ils s'étaient choisi pour repousser l'invasion.

Telle fut l'origine de la troisième race.

Ainsi, à chaque danger, à chaque besoin, à chaque malheur, correspond une réaction énergique dont le

succès donne à l'établissement social une forme nouvelle et plus importante.

Mais cette dernière forme, le régime féodal, qui
n'était autre chose que l'établissement civil de la for-
mation militaire adoptée pendant le combat contre
l'ennemi commun, cette forme engendra une lutte
terrible, incessante, entre le chef et ses généraux,
dont le résultat fut d'amener sur le sol national un
nouvel ennemi, l'Anglais, qui sut en profiter pour
l'envahir et le conquérir presque entier. C'est alors
que des défaites presque aussi nombreuses que les
batailles accablent successivement la nation sans la
décourager; et le peuple, dont chaque revers semble
redoubler le courage, se rallie autour de son roi, et,
se ranimant sous l'aiguillon du désespoir, parvient enfin à chasser l'ennemi et à reconquérir son territoire,
de manière à reconstituer la patrie commune par la
réunion successive de ses matériaux épars.

Les résultats d'une longue lutte signalée par des
phases diverses avaient enfin donné à cet établissement
une existence politique et militaire respectable à l'extérieur, lorsque le mouvement de 1789 vint rendre nécessaire un nouvel élan d'énergie pour comprimer et
détruire les résistances et les attaques qui menaçaient
le sol national, théâtre de ce mouvement. Les revers
dont cette lutte fut accompagnée furent, sans aucun
doute, la plus puissante cause de l'énergie qui fit triom-
pher la nation, comme il n'est pas douteux que les
succès dont sa résistance fut suivie faillirent compro-
mettre le résultat de cette lutte, et amenèrent une lutte
nouvelle dont le dernier acte, la bataille de Waterloo,
vint prouver à l'Europe tout entière que la France,
quelque malheureuse que fût sa situation, quelque

improbable, quelque impossible que parût le succès, ne restait jamais en arrière d'un effort, quand l'honneur et l'indépendance le commandaient; et c'est, sans nul doute, à l'énergie qu'elle déploya dans ce dernier effort qu'elle dut de n'être pas détruite en 1815, de n'être pas attaquée en 1830.

Anisi donc c'est autant à ses revers qu'à ses victoires que la France a dû cette valeur nationale qui lui a servi à fonder son sol et son unité politique sur des bases aujourd'hui devenues inébranlables, à moins que l'égoïsme social développé par la prospérité matérielle qu'engendre la paix ne vienne éteindre le souvenir salutaire de ce que la patrie a dû au dévouement de nos pères, dans les crises auxquelles elle a été en proie, et des dangers auxquels elle eût succombé sans ce dévouement.

Du reste, l'histoire de notre pays est, sous ce rapport, celle de tous les peuples du monde : ainsi la Grèce n'a dû sa grandeur qu'aux dangers dont elle a été si longtemps menacée par les armées du grand roi, et c'est au milieu des revers dont ses invasions ont été accompagnées qu'elle a déployé ses admirables qualités sociales qui la rendent encore l'exemple et l'objet de l'admiration des autres nations; c'est après ses triomphes et sous l'influence de l'orgueil qu'ils lui avaient inspiré qu'elle est devenue la proie des intrigants et des ambitieux, et enfin de l'ennemi. La même chose est arrivée à Rome : c'est lorsqu'elle a eu à combattre Carthage, et plus tard, à soutenir les luttes terribles dont l'Espagne, l'Afrique et les Gaules ont été le théâtre, qu'elle a été grande, glorieuse et puissante, et c'est lorsque, n'ayant plus de revers à craindre, elle a abandonné le soin de la défendre à des mercenaires pour s'endormir dans les jouissances du triomphe, qu'elle est tombée. C'est ce qu'a exprimé Montesquieu en disant que Rome a dû sa grandeur à la force de sa constitution militaire pendant la conquête, et sa décadence à l'abandon et à la dégénérescence de cette constitution, après le succès. C'est par les mêmes raisons que les grandes invasions des nations asiatiques, les Mandchoux, les Mongols, les Turcs, n'ont eu pour résultat que des établissements politiques bientôt dégénérés, la valeur militaire de ces populations s'étant éteinte dans les jouissances de la conquête.

Si l'on examine les nations modernes, on y verra la preuve de la vérité de ces mêmes principes.

La nation qui, en Europe, a toujours eu le plus de prospérité, le plus de succès, dans la paix comme dans la guerre, celle qui a le moins souffert, c'est la nation anglaise. Sans doute on peut dire que sa situation politique n'en est que plus brillante, que sa puissance n'en est que plus grande; mais il est facile de répondre que ce n'est qu'une apparence, et que, en examinant les éléments divers dont cette puissance se compose, on voit bientôt que son unité n'a aucune base solide, et qu'un accident peut la briser en un clin d'œil. L'orgueil et l'intérêt soutiennent sans doute cet édifice, mais il faut sans cesse leur donner un nouvel aliment sous peine de destruction; et, si l'isolement matériel de l'Angleterre fait sa force, on peut dire aussi que son égoïsme l'a isolée moralement, bien plus encore que sa situation géographique ne l'isole matériellement. Forcée logiquement à la conquête, c'est-à-dire à une extension démesurée par suite de cette situation matérielle et morale, que deviendra-t-elle le jour où elle rencontrera un voisin redoutable, le jour où elle sera le point de mire d'une coalition ? Cet orgueil qui fait aujourd'hui sa puissance, parce qu'elle n'a jamais eu à se défendre seule et chez elle, et qu'elle a obtenu de faciles triomphes sur le sol et avec l'appui d'autres peuples, n'est qu'une illusion qui causera sa perte quand elle sera appelée à combattre seule sur son territoire.

La Russie n'est devenue si puissante que par suite des dangers dont Napoléon l'a menacée; l'Autriche, si longtemps accablée et comprimée par la France, n'a dû la conservation de son existence qu'au dévouement que ses revers ont inspiré à ses populations d'origine diverse, et au lien étroit que le malheur commun a établi entre elles et leur souverain. La Prusse, qui déjà n'avait dû son existence comme nation qu'aux dangers dont elle avait été menacée sous le grand Frédéric, et dont elle n'avait été préservée que par son génie, aidé de la constance et du dévouement de son armée et de son peuple; la Prusse a grandi, en 1813, sous l'oppression et le malheur, et ne se soutient à la hauteur où elle s'est placée que par le souvenir de ses désastres et de ses dangers qui ont créé un état militaire insoutenable pour tout autre peuple qui serait moins menacé. L'Espagne, tombée si bas par suite de l'apathie et de l'engourdissement où l'avaient jetée de faciles triomphes et des conquêtes non disputées, s'est réveillée tout-à-coup de sa torpeur sous la main de fer d'un vainqueur, et a trouvé, dans des défaites constantes, l'énergie nécessaire pour résister à l'oppression; aujourd'hui même peut-être ne faut-il chercher le secret de la situation malheureuse où elle se trouve, en ce moment, que dans l'orgueil qu'a développé chez cette nation le succès dont a été suivie la lutte qu'elle a soutenue. Là encore, en effet, est le danger de la victoire : l'orgueil ne voit que le succès ; il ne calcule rien, ni les éléments ni les perplexités de la lutte, et il compromet l'avenir par oubli du passé.

Mais suivons les développements de cette thèse dans ce qui se rapporte aux progrès politiques dont nous avons déjà parlé.

Les rois, les chefs ne peuvent vaincre et conquérir qu'à l'aide d'instruments ; ces instruments sont les armées ; le peuple est l'élément de ces armées. Quand le succès suit constamment les drapeaux du chef ou du souverain, il oublie le peuple et les soldats, ou, s'il s'en souvient, ce n'est que pour satisfaire par eux et sur eux son égoïsme, pour corrompre les soldats et pour opprimer le peuple. Mais quand les revers arrivent, il faut compter avec eux, et c'est alors que la démocratie conquiert ces droits précieux à l'aide desquels s'opère le progrès social. Ainsi c'est à la suite des croisades que le peuple français a commencé à être compté pour quelque chose dans la nation, par l'organisation des communes et les établissements de saint Louis. Plus tard, c'est aux victoires des Anglais que les troupes des communes durent cette existence parallèle à celle des troupes des seigneurs, qu'elles remplacèrent plus tard dans l'ost royal ; ce fut le principe de l'armée permanente, à l'aide de laquelle le roi détruisit le pouvoir féodal, et établit ce régime sous lequel il n'y eut plus qu'un souverain et un peuple. Par suite de ce changement, la noblesse de cour, qui avait succédé à l'ancienne organisation féodale, n'eut plus d'autre existence politique que celle que lui assignait son rang dans la hiérarchie militaire ; mais la conduite scandaleuse de cette noblesse, après le règne de

Louis XIV, les revers honteux de la guerre de Sept-Ans dont elle fut la cause, ses prétentions exclusives enfin, l'avaient déconsidérée dans le peuple comme dans l'armée, et, lorsqu'éclata le grand mouvement de 1789, l'armée était mûre, comme le peuple, pour une réforme; les officiers nobles purent alors être expulsés et remplacés par leurs inférieurs avec avantage, et plus tard le peuple *fait armée* défendit l'établissement politique qui l'avait créé, et le sauva seul des attaques du dedans et du dehors.

Nous avons essayé de faire voir dans ce journal (*Études sur les campagnes de* 1812 *à* 1814) comment le succès et les conquêtes dont cette lutte fut suivie firent perdre à la France les sympathies des autres peuples, et comment leurs souverains surent en profiter pour les animer et les soulever contre la France victorieuse jusqu'alors, et la vaincre à leur tour à l'aide de ces sentiments, et des promesses qu'ils leur firent. Ces promesses étaient le fruit des malheurs réciproques qui avaient permis aux souverains d'identifier en apparence leur cause avec celle de leurs peuples; c'est le triomphe commun qui a empêché ceux-ci de recueillir le fruit des promesses qui leur avaient été faites, et pour eux la liberté a été enterrée sous la gloire. La France a été plus heureuse. La défaite de Waterloo a été une mine féconde où elle a puisé de nouvelles forces pour défendre ses libertés et en reconquérir de nouvelles. A Waterloo, la France a combattu pour son indépendance contre le despotisme et l'aristocratie du reste de l'Europe, et si elle y a succombé sous leurs efforts réunis, elle y a reconquis, à l'extérieur, les sympathies qui avaient accompagné sa courageuse résistance de 1792 à 1800; à l'intérieur, Waterloo a fait revivre le sentiment patriotique

de la révolution, en établissant une barrière infranchis-
sable entre ceux qui sont restés toujours fidèles à son dra-
peau, et ceux qui, acceptant ce désastre comme une victoire pour leur parti, ont intronisé un pouvoir sur les
ruines de leur patrie opprimée par l'étranger. C'est par
suite de la colère excitée par ce double sentiment de
haine pour l'étranger, et pour ceux qui avaient confondu
leur cause avec la sienne, que le peuple français a gardé
cette attitude imposante qui l'a empêché de subir un
partage et une réaction politique, et qui, plus tard,
lui a fait reconquérir sa liberté. Enfin c'est Waterloo
qui a rendu populaire cette pensée d'une revanche nécessaire qui serait encore le premier, peut-être le seul
élément d'un mouvement national contre l'étranger.

Voilà ce que la France doit à Waterloo ; son souvenir doit donc lui être cher, autant que celui d'une
victoire.

Voyez les nations étrangères, au contraire : en Angleterre, la nation n'a jamais été menacée, elle n'a jamais été à deux doigts de sa perte ; son orgueil a été
exalté outre mesure par les faciles succès de l'armée ;
et là, l'aristocratie est devenue toute-puissante ; le peuple n'est rien ; l'armée est courbée sous le fouet, et
elle sert à la fois d'instrument à la gloire et à l'oppression nationales, entre les mains de cette aristocratie qui achète le droit de la commander, et
confisque ses succès à son profit, pour opprimer
le peuple. En Allemagne, les malheurs, les revers ont
été le signal de promesses souvent répétées pendant
le danger, et oubliées après le succès ; le peuple et
l'armée ont vaincu et n'ont rien obtenu.

La France, au contraire, a été vaincue, mais elle a
conservé et conquis plus que les vainqueurs ; et si le

souvenir de ses gloires et de ses revers lui sert, comme dans le passé, à prendre une revanche éclatante, la France de Waterloo prouvera qu'elle sait se relever de ses désastres, comme la France d'Azincourt, de Crécy, de Poitiers, et qu'elle sait puiser dans le malheur l'énergie nécessaire pour accomplir les glorieuses destinées que lui a réservées la Providence.

Regardons donc nos revers comme une propriété aussi sacrée, aussi glorieuse que nos victoires; étudions-en les causes pour en éviter la reproduction; conservons-en le souvenir comme une leçon salutaire, et ne les laissons pas ternir par des récits mensongers; car il y a plus d'honneur à être battu seul contre tous, et à s'être mis dans le cas de l'être ainsi, et de disputer une victoire impossible, que de la remporter quand elle est sûre d'avance, en accablant par le nombre un ennemi isolé et abandonné par tous.

E. DE BOISLECOMTE.